AF253892

LA RETRAITE

DE L'ARMÉE DE L'EST

EN SUISSE

LAUSANNE. — IMPRIMERIE GEORGES BRIDEL.

LA RETRAITE

DE

L'ARMÉE DE L'EST

EN SUISSE

PAR

FRITZ BERTHOUD

NEUCHATEL	PARIS
LIBRAIRIE GÉNÉRALE DE J. SANDOZ	LIBRAIRIE SUISSE J. CHERBULIEZ

1871

LA RETRAITE

DE L'ARMÉE DE L'EST

EN SUISSE

PONTARLIER, LE 30 JANVIER 1871.

Vers les derniers jours du mois de janvier, lorsque l'on croyait encore, sur la foi de ses premiers succès, l'armée de l'Est capable de délivrer Belfort et de faire une trouée en Alsace, des rumeurs sinistres, venant on ne sait d'où, coururent dans le Val-de-Travers.

Bourbaki s'était brûlé la cervelle ; les débris de ses troupes, n'ayant pas osé s'enfermer dans Besançon, ni même s'appuyer sur cette place forte, insuffisamment pourvue de vivres, avaient gagné les plateaux sibériens du Jura, poursuivies par les bandes mieux organisées de l'ennemi. Déjà plusieurs divisions, en désordre, dans le plus triste état, occupaient Pontarlier, et cette ville, prise au dépourvu, manquait de tout : point de pain pour les hommes, point de foin ni d'avoine pour les chevaux.

Les Prussiens surent pourtant y découvrir tout cela, en

quantités assez notables, huit jours plus tard. Hélas ! le même miracle s'est reproduit sur tous les points de la France. L'armée allemande a pu vivre et lever d'énormes réquisitions d'argent et de denrées dans les lieux mêmes que les Français abandonnaient faute d'abri, de nourriture, et aussi de sympathies et de renseignements. Il est vrai que ces professeurs de philosophie ont une manière de demander qui prévient tous les refus. On n'a rien à répliquer aux bonnes raisons ; la bourse ou la vie fut dans tous les temps le plus irréfutable des syllogismes. Les francs-tireurs n'avaient pas fait leurs études à Berlin, et mal leur en prit. Souvent ils ont vu se tourner contre eux ouvertement ceux dont ils voulaient défendre les champs et les chaumières. Par peur du loup on se jette dans ses griffes et l'on chasse le chien. C'est bien là-dessus que compte le loup quand il montre ses crocs.

Le samedi 29 janvier, trois de nos concitoyens ont vu au village français des Verrières-de-Joux, une soixantaine de soldats débandés greloter dans la neige autour de quelques tisons. Pas une porte ne s'était ouverte à leur approche, pas un compatriote n'avait partagé avec eux son repas. Une ration d'eau-de-vie officiellement distribuée par M. le maire fut tout ce qu'ils obtinrent. Le lendemain ils repartirent un peu plus démoralisés, un peu plus affaiblis, et sans espoir d'être mieux reçus à leur prochaine étape.

Les traits de ce genre fourmillent ; en voici un second :

Un parc d'artillerie a campé deux jours au pied du fort de Joux, sans parvenir à arracher des nombreuses fermes éparses tout à l'entour une poignée de foin pour ses deux ou trois cents chevaux. Ce sont ces pauvres animaux que nous devions voir sur nos routes tomber à chaque pas et mourir sans doute en maudissant la férocité de l'homme.

Quoi qu'il en soit, la détresse de nos bon voisins et bons amis les Pontissaliens ne laissa personne insensible. Les dames qui venaient d'achever une vente au profit des victimes françaises de la guerre se remirent à l'œuvre avec énergie, coupant, cousant ceintures de flanelle, gilets, chemises, tricotant des bas de laine, et faisant provision de bonnes galoches feutrées. De leur côté, les hommes s'occupaient des provisions, et dès le lundi 30 janvier, le premier train pour la France emportait quinze grands sacs de pain, de légumes et de viande salée.

Trois fourriers, en manière d'ambassadeurs du comité féminin, ou d'éclaireurs, accompagnaient cette avant-garde, et un grand nombre de citoyens de bonne volonté, par sympathie, curiosité, désir de voir, besoin d'obliger, se joignirent à l'expédition. La place manqua dans les wagons; il fallut se presser, s'entasser, s'accroupir les uns sur les autres, mais tout le monde partit.

On arrive, et l'on n'a pas mis pied à terre que chacun sait trop bien ce qu'il voulait savoir. Un coup-d'œil sur les quais de la gare a suffi. Une foule grouillante s'y presse, sortant de toutes les issues, de tous les trous, de tous les coins : blessés, fiévreux, pleurétiques, pulmoniques, manchots, boîteux, catarrheux. Un convoi se prépare pour les emporter ; où ? ils l'ignorent, mais peu leur importe. Partir, c'est tout ce qu'ils veulent ; en s'éloignant des lieux où ils souffrent, ils espèrent y laisser la souffrance et rattraper la vie.

Ils sont là douze ou quinze cents avec cette seule idée, le cou tendu, le regard inquiet, allant de wagon en wagon, cherchant une place leur billet à la main.... et tout est déjà rempli, les fourgons, les caisses à bestiaux, tout !... Qu'y faire ? Le reste attendra ; reste incessamment grossi comme une onde accumulée devant un barrage.

Mais demain, pour beaucoup, ce sera trop tard ; ils n'auront plus besoin de partir ; ils seront bien guéris !

Emus et attristés, nous quittons la gare, et les mêmes scènes navrantes se reproduisent partout au dehors, avec mille détails nouveaux. Des flots tumultueux de misérables humains, hâves, exténués, se traînent le long des murailles, et, à travers cet océan plaintif qui s'ouvre et se referme comme la vague sous le navire, s'avance péniblement une flotte de chariots, attelés de maigres chevaux. Ni les uns ni les autres n'ont l'air de savoir où ils vont ; ils marchent pour marcher, silencieux et mornes, dans une neige épaisse et pulvérisée, semblable à du sable glacé. Ce qu'ils cherchent, ils sont certains de ne pas le trouver ; ce qu'ils demandent, personne ne peut le leur donner. Aucune espérance ne leur reste ; et pourtant ils cherchent, ils demandent toujours, tant leur malheur est grand, et tant le besoin de se tromper soi-même est vivace au fond de notre pauvre cœur.

Voici un dialogue qui se répète en écho à chaque instant :

— Une ambulance, s'il vous plaît ?

— L'ambulance, mon brave ? En voilà une, là-bas.

— J'en viens ; il n'y a plus de place.

— Allez chez les sœurs, près de l'hôtel-de-ville.

— J'y ai été ; tout est rempli.

— Et à cette église ?

— J'en sors ; on m'a renvoyé.

— Avez-vous passé à la gare ?

— Non ! où est-elle la gare ?

— Là, devant vous.

— Ah ! merci.

Et une lueur animait cette figure éteinte, lueur poignante pour ceux mêmes qui la provoquaient sachant que la gare aussi était comble, comme tous les autres refuges hospitaliers... Mais quoi ! une minute d'espoir, n'est-ce pas encore une charité?

De ce moment une impression horrible ne m'a plus quitté et me ronge encore à présent quand je me souviens. C'est l'impuissance absolue de tout secours et de tout remède en face de si grandes misères. Le mal a la puissance de l'avalanche, il grossit de lui-même au delà de toutes prévisions, et détruit en quelques heures l'œuvre lente des siècles, que d'autres siècles ne pourront jamais réparer qu'imparfaitement.

Malheur aux hommes qui osent assumer sur leurs têtes la responsabilité du Tout-puissant! Celui qui appelle le vent recueillera la tempête ; celui qui sème la haine moissonnera la vengeance.

Nous avions devant nous un abîme sans fond, et nous apportions un verre d'eau pour le remplir. La disproportion à ce degré devient dérisoire. Que voulez-vous? La stupidité humaine est telle. Deux ou trois millions d'hommes acceptent, recherchent toutes les souffrances et la mort même pour assouvir la vanité folle de deux ou trois individus, nés comme eux de femmes et sujets aux mêmes infirmités.

Voilà vingt, trente, quarante siècles que la même comédie se joue aux applaudissements de l'humanité tout entière ; elle se jouera encore, n'en doutons pas, jusqu'à ce qu'enfin le vice soit puni et la vertu récompensée, comme à la fin d'un roman moral. Mais ni vous, ni moi, ne serons là pour le voir, lecteurs, j'ose bien vous le prédire.

Au pain que nous apportions, il n'y avait pas de quoi donner une bouchée à la millième partie de cette population affamée, de sorte que nous résolûmes de laisser tomber cette goutte de rosée dans le Sahara desséché des principales ambulances. Nous en fîmes ainsi trois parts, et cette nuit-là quelques-uns, en dormant, auront pu rêver qu'ils avaient entrevu de loin le mirage séduisant d'une assiette de soupe.

La disette, au surplus, s'étendait jusque chez les *civils*. Un bon bourgeois nous avoua qu'une simple tranche de pain bis réjouirait fort sa famille ; et lorsque nous emportâmes notre mince trésor, un superbe gendarme en faction près de la gare, apercevant les joues dorées d'une miche rebondie, oublia sa consigne, et courant à nous :

— Messieurs, s'il vous plait, un morceau pour mes petits garçons : voilà deux jours qu'ils n'en ont mangé.

Plusieurs employés du chemin de fer hasardèrent timidement la même confidence. Les pauvres ont le cœur tendre, et nous étions pauvres ; en ce moment peu nous restait ; nous nous accordâmes le plaisir de partager ce peu nous-mêmes. Quinze ou vingt livres furent distribuées ainsi sur notre route, à droite et à gauche.

Non, jamais je n'oublierai l'ardeur de ces regards de convoitise, la supplication de ces yeux et l'avidité de ces mains tendues vers nous. Oh ! riches de la terre, monarques ambitieux, gorgés de superflu, venez apprendre ce que vaut un morceau de pain !....

Tout était donné, ramassé jusqu'à la dernière miette tombée dans la boue, et des centaines nous entouraient qui n'avaient rien eu.... Mes camarades et moi nous nous regardions sans mot dire, avec désespoir, ne pouvant, hélas ! renouveler le miracle de Génézareth.... Par bonheur, nos poches étaient remplies de cigares et de tabac. — A défaut de nourriture, nous pouvions verser un peu d'oubli, et calmer le démon en l'endormant. Qui fume dîne. Mais cette ressource aussi fut bientôt épuisée, et le même accablant sentiment de la vanité de tout effort s'empara de nouveau de nos esprits.

Cependant, de jeunes et brillants officiers jouaient au billard, prenaient du café, buvaient des petits verres et du champagne. Il faut bien se faire une raison et soigner sa petite santé !

L'exemple venait de loin et de haut.

Un de nos compatriotes se trouvait par hasard chez un notable pontissalien, lorsque les aides-de-camp du général *** s'y présentèrent. Ils venaient s'assurer si la maison offrait toutes les conditions nécessaires au service d'un officier supérieur, et, la première de toutes, une salle à manger convenable, une cuisine vaste et belle, suffisamment pourvue des ustensiles qu'exige l'art de Vatel et de Carême. Ce point vérifié, reconnu, le chef du chef se met en devoir de procéder à ses délicates fonctions ; il allume les fourneaux et déballe les provisions : viandes de choix, volailles, conserves, etc.

Tout en l'examinant, notre ami dont la mission était de distribuer aux victimes de la guerre des vêtements chauds, et spécialement de bonnes chaussettes de laine, eût la fantaisie de savoir si la toilette de ce personnage important ne cachait point sous son apparence régulière de graves lacunes et des vides mystérieux. Le cuisinier d'un général ! Allons donc ! Eh ! eh ! pourquoi pas ? Un conteur judicieux ne nous a-t-il pas appris que les hommes heureux n'ont point de chemise ? D'ailleurs le représentant de l'Internationale avait en deux jours fait tant et de si surprenantes découvertes, qu'il résolut de tenter l'aventure, et négligemment, comme par distraction, il déploya un échantillon de ses marchandises. A cet aspect, le marmiton, troublé, oublie la dignité de sa position, et sans façon, sans discours, ouvre son cœur et ses habits. Hélas ! il n'était que trop vrai. Le bois ne répondait pas à l'écorce ; les souliers du grand homme manquaient de semelles ; il ne possédait pas même des fragments de chaussettes, et sous son bel uniforme, il grelotait faute d'une ceinture de flanelle. Mais les dîners du général n'en souffraient pas. C'est à cela qu'on reconnaît le génie.

Notons, en passant, que cinq ou six jours après, la même habitation et sans doute aussi à cause de la belle cuisine, avait l'honneur de recevoir son Excellence von Manteuffel et son état-major. Ceux-là, bonnes gens, s'y comportèrent absolument comme on fait chez soi ou chez ses amis. Ils vidèrent la cave, prenant le meilleur, laissant le pire, pour mieux trinquer à l'hospitalité. Chacun prit la chambre qui lui convint, et bien heureux s'estima le maître du logis que ses hôtes lui permissent de garder, pour s'y étendre dans un coin, le matelas d'un de ses domestiques.

Mais, le 30 janvier, on ne comptait pas sur cette visite. Loin de là. La dépêche officielle annonçant l'armistice n'indiquait aucune exception. Si ma mémoire est bonne, les télégrammes de Versailles n'en parlaient pas non plus. Ce détail était resté au fond de l'écritoire impériale : innocente négligence bien facile à concevoir, et qui du reste augmenta beaucoup la joie que causa cet événement. En effet, soit par la faute des traducteurs, soit par l'immense désir que chacun éprouvait qu'il en fût ainsi, et l'improbabilité même du contraire, la nouvelle s'en répandit en Suisse avec cette forme positive : « Armistice général pour toutes les armées de terre et de mer. » La confiance qui régnait à Pontarlier me semblait donc tout à fait naturelle, et je ne pouvais m'étonner de voir militaires et bourgeois agir en conséquence. Les uns, bien tranquillement, préparaient, combinaient la retraite par Mouthe, Morez, Saint-Claude, Saint-Laurent ; les autres, avec la figure épanouie et encore à demi-troublée de gens qui viennent d'échapper à un grand danger, cherchaient à réunir quelques secours pour les pauvres soldats exténués. Personne ne songeait à la prise de Pontarlier ; moins encore à la possibilité d'un refuge en Suisse. La veille, un officier supérieur en donnait l'assurance, et il ajoutait assez naïvement : « Les Prussiens ne sont pas si bêtes ; ils ne viendront pas nous chercher dans cette Russie. »

Aujourd'hui l'on sait ce qui est arrivé, et l'usage que le chancelier allemand, avec son ordinaire habileté, — j'emploie le mot de la diplomatie, en simple morale il en faudrait un autre, — a su faire de cet armistice incomplet. Il semble évident que l'honnête Jules Favre a été, ou s'est absolument trompé. Pour refuser la reddition de Belfort au prix d'une si dangereuse exception, il fallait qu'il crût encore Bourbaki maître de la situation ; ignorance ou illusion qu'on ne peut pas soupçonner le comte de Bismarck d'avoir partagée. Quoi qu'il en soit des causes encore mystérieuses de cette réserve inattendue, elle fut pour la France le cadeau de Jupiter et fit de la trève une boîte de Pandore. Le pauvre Pontarlier et toute la Franche-Comté en pourront dire quelque chose. Le répit fut doux, mais court.

Vers le soir. tandis que nous regagnons la gare, accablés de tristesse, d'émotion, de fatigue, pour nous arracher au spectacle de misères contre lesquelles nous étions maintenant tout à fait désarmés, une étincelle électrique court au travers de la cité. Le clairon sonne, le tambour retentit ; on bat la générale ; des bruits sourds, lointains, résonnent dans les bois sombres : c'est le canon. L'armistice n'est qu'une déception ; les Prussiens s'avancent[1].

Ces appels guerriers (que j'entendais pour la première fois) font l'effet du tocsin dans les campagnes : une vive émotion, bientôt dominée par un seul sentiment, celui de courir au danger et de le combattre. Oh ! que j'ai bien compris en ce court instant quelle ardeur, et quelle généreuse colère s'emparent de l'âme des citoyens à la vue des envahisseurs de leur patrie !....

Mais en même temps je compris, je sentis que le plus triste rôle pour un homme de cœur serait d'assister, spectateur inutile, à un combat d'autres hommes, sans avoir même le droit de s'interposer, et de ramener les uns et les autres à la paix fraternelle. Cette situation était la nôtre ; il ne nous restait qu'à chercher les moyens de nous éloigner au plus vite.

A ce moment, personne ne doutait que Pontarlier ne fût défendu, et défendu avec succès. Son heureuse position au pied de mamelons et de collines, à l'entrée d'une plaine assez large qu'il faudrait pour l'atteindre traverser sous une pluie de mitraille, en rend l'attaque peu commode. Des fortifications artificielles ne le protégeraient pas mieux. Là, comme partout sur ce grand plateau du Jura, si bosselé, si accidenté, la nature semble s'opposer elle-même à une invasion et prêter à ses enfants tous les moyens de repousser l'étranger. Seulement, il faut qu'ils le veuillent.

---

[1] A cette heure même, le général Clinchant expédiait à Bordeaux la dépêche suivante :

« Pontarlier, 30 janvier, 5 heures et 25 m. du soir.

» Je n'ai pas encore de réponse officielle du général Manteuffel, mais d'après une lettre apportée par un parlementaire prussien pendant une conférence près de Frasne, il paraîtrait que le général Manteuffel ne voudrait pas reconnaître cet armistice pour l'armée de l'Est, disant qu'il ne concerne que les armées du Nord et de Paris. »

La meilleure des forteresses sera toujours une volonté indomptable, et la poitrine des hommes libres un plus sûr rempart que les murailles crénelées. Les soldats entassés à Pontarlier étaient fatigués, harrassés par des marches, à leur sens incompréhensibles, affaiblis par des privations qui duraient depuis des mois, découragés, abattus par des revers et des défaites dont ils cherchaient en vain la cause. Les officiers n'avaient ni plus d'entrain, ni plus de zèle, Elevés sous l'empire, leur patriotisme semblait s'être évanoui avec ce régime corrupteur et corrompu. Ils ne comprenaient pas la France sans cour, sans monarque, sans orgies de Compiègne, sans revues de Satory, et le reste. Le mot de république, synonyme à leurs yeux de désordre, d'humiliation, de sottise, représentait, pour tout dire, le règne des avocats, des bavards, des *pékins*. Et se faire tuer pour ça ! fi donc ! Tous les costumes ont de terribles préjugés, et l'habit fait le moine, malgré le proverbe. Celui qui supprimera les uniformes de tous les genres et de tous les ordres aura beaucoup fait pour l'indépendance des caractères et pour la liberté de conscience.

Toutefois, bien des officiers et bien des soldats ne songeaient qu'à leur pays et voulaient résister à outrance. Il ne faudrait pas croire d'ailleurs que cette armée ou cette portion de l'armée de l'Est fût tout entière dans l'état misérable des malheureux de la rue et des ambulances. Les régiments de ligne établis dans les casernes et dans les édifices publics étaient encore parfaitement organisés et ne demandaient qu'à reprendre les armes. L'artillerie, nombreuse, amplement pourvue de munitions, bien commandée, bien servie, montrait les mêmes dispositions, ainsi que le témoignait suffisamment une belle rangée de pièces avec leurs caissons, déjà établies au-dessus de la gare. Quelle influence a renversé ces courageuses et patriotiques résolutions ? Pourquoi, comment, dès le surlendemain, la ville, abandonnée, voyait-elle entrer dans ses murs, sans coup férir, quelques milliers de Prussiens ?

Je l'ignore. Le général Clinchant tiendra sans doute à faire connaître les causes et les raisons qui l'ont porté à cette détermination étrange.

En attendant, il est permis de supposer que les principaux d'entre les Pontissaliens, propriétaires, industriels et commerçants, n'ont pas manqué d'exposer, avec cette éloquence qui vient du cœur, le danger que la défense de la ville ferait courir à leurs tuiles et à leurs moëllons. Quoique plus instruits que les paysans, les bourgeois citadins font toujours la même faute d'arithmétique et de raisonnement. De peur de se noyer, ils se jettent à l'eau et préfèrent se voir dépouillés à coup sûr par des ennemis, que de courir au moins le risque de sauver une partie de leurs biens en se défendant, et l'honneur par surcroît. Il y a longtemps qu'on le dit : Deux et deux ne font pas toujours quatre. En se mettant au-dessus de l'intérêt général, l'intérêt privé ne commet pas seulement une mauvaise action, il fait un faux calcul. Pontarlier est debout : ses maisons sont intactes extérieurement, mais l'ennemi en a franchi le seuil, et le souvenir odieux de sa présence, hôte funeste, ne les quittera plus ; il a fallu payer une contribution énorme, faire face à des réquisitions de toute nature, subir des insolences de tous genres, et pour tout cela la France a perdu une armée. Faites le bilan, messieurs les calculateurs.

La publication du *Journal de Pontarlier*, interrompue pendant ces jours funestes, vient de recommencer (le 19 février) par des détails authentiques d'autant plus curieux que cette histoire de l'occupation d'une ville ouverte, livrée de propos délibéré, s'applique, hélas ! à cent autres. *Ab uno disce omnes.*

J'en copie quelques lignes.

« Le 1er février, à cinq heures du soir, l'intendant général de l'armée prussienne requérait :

» 37 500 kilog. de pain et 72 000 kilog. d'avoine pour chaque jour.

» 30 000 kilog. de café et 20 000 kilog. de sel une fois donnés.

» C'était exhorbitant , et au-dessus des ressources de la ville ; aussi, le 3 février , l'intendant ne demandait plus que :

» 15 000 kilog. de pain et 40 000 kilog. d'avoine pour chaque jour.

» Les exigences de café et de sel restaient les mêmes. Je ne compte ni le sucre, ni la bougie pour messieurs les officiers.

» Chaque général demandait un dîner avec vin rouge, vin blanc et champagne. Enfin, le 6 février, le général en chef demanda 10 000 fr. en argent. Messieurs les notables furent si prompts à le contenter qu'ils excitèrent la rapacité prussienne. Le lendemain, c'était 80 000 fr. à payer. La commission municipale refusa énergiquement une somme aussi forte ; elle prenait ainsi les intérêts de la majeure partie de la population pontissalienne, et elle évitait d'écraser d'impôts la classe ouvrière et commerçante. Aussi, six conseillers *non notables* furent emprisonnés comme caution des 80 000 fr. que devaient fournir les *véritables notables.*

» L'épée de Damoclès suspendue sur la tête des notables fit bon effet et en deux jours les 80 000 fr. passaient dans la poche de messieurs nos ennemis.

» Ce fut la fin[1]. Les Prussiens, rassasiés et contents, s'en allèrent faire fortune ailleurs. En fin de compte, en dix jours, Pontarlier a fourni 90 000 fr. en argent ; la nourriture à l'armée prussienne ; pour plus de 300 000 fr. de vols et de rapines. Le compte total s'élèvera au moins à 500 000 fr., sans parler de la peste et du typhus dont ces Vandales civilisés nous ont gratifiés.

» Voilà ce qu'il en coûte à une ville de n'être pas défendue et de ne pas se défendre. Salins, qui a combattu, n'a pas été ruiné et pillé comme notre ville. »

Eh ! oui, c'est bien là le droit des gens perfectionné : faire expier à ceux qui ouvrent leurs portes l'audace de ceux qui les ferment ; prendre en détail après avoir prélevé en gros ; glaner après la moisson.

Que voulez-vous ? Tout cela c'est la guerre, disent avec une désinvolture charmante et une résignation toute chrétienne, certains *sages* bien à l'abri sur terrain neutre. Qu'une épingle les pique, ils penseront autrement et crieront à tout rompre. De leur côté, les auteurs de ces procédés léonins ont la douce conviction que la cocarde a le pouvoir de transformer les choses. Ce qui serait sous la veste d'un honnête ouvrier crime et délit, prend avec l'habit militaire la couleur chevaleresque d'équitable rétribution et de justice suprême. Ils ne sont plus des mortels abusant de la force et de l'occasion, mais les exécuteurs des hautes-œuvres du Dieu terrible et les missionnaires de la Providence. Il vaudrait mieux dire commissionnaires.

Ces prétentions ne sont pas neuves, mais consolantes ;

---

[1] Le journal se trompait ; ce ne fut pas la fin. Les premiers venus partis, d'autres revinrent. L'occupation de Pontarlier s'est prolongée jusqu'au mois de juin.

elles rendent hommage à la conscience et révèlent un besoin d'excuse et de justification. Après tout l'homme reste toujours l'homme : un être intelligent et moral enfermé dans une bête. Même lorsque celle-ci se livre à ses brutales satisfactions, l'autre survit et essaie de se prouver qu'il règne encore. Schiller ne donnait-il pas ses brigands pour des réparateurs de torts, et ne voit-on pas les vrais, ceux de la Calabre, moins poétiques, se mettre sous la protection de la vierge et des saints, faire le signe de la croix avant de lâcher leur escopette, et réclamer l'absolution avant de mourir ?

Le sentiment de la pitié et même celui du droit ne sont jamais étouffés complétement dans un cœur humain. Mais les systèmes, les principes, les rages collectives ne le connurent jamais. Voilà les moteurs impitoyables ; voilà la source maudite des fureurs sans frein et des ravages sans mesure.

A Pontarlier, un de ces porte-casques pointus, à la belle devise : « Avec Dieu, pour mon roi et ma patrie, » étant occupé à fourrer dans ses poches et dans son sac tout ce qui lui tombait sous la main, s'aperçut qu'une pauvre femme dans l'ombre le regardait faire d'un air où se lisait à la fois la douleur et l'étonnement. L'envoyé de la Providence se sentit ému de ce regard et de ce reproche muet.

— Ne vous plaignez pas, madame, dit-il d'un ton doux et en bon français ; nous n'exécutons pas toute la consigne. L'ordre est de détruire partout le plus possible.

Et il continua sa petite besogne tranquillement, en songeant à sa femme et à ses enfants !

Les extraits du *Journal de Pontarlier* que je viens de citer indiquent des dissensions intérieures qui n'ont pu qu'ajouter à la tristesse de l'occupation, et peut-être l'ont provoquée. Une lettre, adressée au rédacteur de cette feuille par le sous-préfet, M. Charles Beauquier, le laisse supposer. A titre de document, j'en copie le passage principal. Cette lettre, d'un style un peu vif, est la réponse à une protestation « que quelques individus qui s'intitulent *notables*[1], — M. le fonctionnaire ne devine pas pourquoi, — essaient de faire signer sur son éloignement de la ville pendant l'occupation prussienne. »

» Si, ajoute-t-il, la ville de Pontarlier s'était, ou avait été défendue, certes, je fusse demeuré à mon poste. Mais lorsqu'une armée de 80 000 hommes se *repliait*, lorsque la garde nationale, en raison de cet abandon, prenait la résolution de ne pas tirer un coup de fusil, lorsqu'enfin ces mêmes *notables* qui m'attaquent allaient supplier le général en chef de ne pas livrer bataille devant la ville, je crois que les plus méticuleux seraient mal venus à me reprocher ma non-résistance... Mais je vois bien où le bât blesse nos *notables* en réaction : ils espéraient que les ennemis les débarrasseraient d'un sous-préfet trop républicain. »

Malheureusement cette terrible leçon, répétée mille fois, semble peu comprise encore. Les vieux partis reparaissent, sortent de terre, comme si rien ne s'était passé, avec les mêmes préjugés, le mêmes aversions et les mêmes prétentions. On peut toujours leur appliquer le mot fameux : « rien appris, rien oublié. »

La députation du Doubs contient deux noms bien significatifs, incarnation de l'intolérance religieuse catholique et protestante : de Mérode, Mettetal. Cela dit tout. Tous les absolutismes s'entendent et se donnent la main. Pauvre France ! Mais il faut ajouter avec la même douleur : Pauvre Allemagne ! car sa victoire est le signe d'un mal aussi pro-

---

[1] C'est le sous-préfet qui souligne.

fond et plus incurable peut-être que celui de la France. Et, en confondant vainqueurs et vaincus, en ne songeant plus qu'à l'humanité et à ses tragiques destinées ; en voyant toutes les consciences troublées, et surtout celles qui ne croient pas l'être, tous les progrès retournés contre leur fin naturelle, tous les droits écrasés, après dix-neuf siècles de christianisme, qui donc ne désespérerait pas comme Caton et ne s'écrierait pas comme lui : Justice, amour, fraternité, liberté, vertu, vous n'êtes que des mots sonores et vides, de trompeuses amorces dont les mortels, qu'on appelle grands, se servent pour écraser ceux qu'on appelle petits !

Je me laisse entraîner, je devance les heures, les jours, les temps. Revenons.

Donc, nous arrivions à la gare, mes compagnons et moi, l'imagination pleine d'images lugubres, l'âme accablée de noirs pressentiments, et clairons et tambours jetaient au travers de la vieille cité burgonde l'appel aux armes !

Le jour tombait ; la lune, lançant entre les sapins des monts assombris ses obliques rayons, annonçait une nuit froide et claire, semblable à celle où jadis, dans Elseneur, Hamlet parla au spectre de son père. Six heures allaient sonner et le train devait partir à sept. Dès que le chef de gare nous vit :

— Mes amis, dit-il, je ne réponds plus de vous reconduire chez vous ce soir. Vous l'entendez : on va se battre ; deux régiments viennent de partir en avant-garde du côté de Chaffois, où sont les Prussiens ; les canonniers courent à leurs pièces. Si vous voulez m'en croire, partez, regagnez la frontière à pied. Mais suivez la ligne ferrée, au moins jusqu'au-delà des forts, car la route est encombrée par l'armée en retraite sur Mouthe. Adieu ! Ah ! j'oubliais, faites attention, vous rencontrerez deux trains en retard.

Le conseil nous parut bon. Notre présence à Pontarlier ne pouvait être utile à rien, ni à personne, et, dans de telles circonstances, ceux qui ne servent pas nuisent. La perspective d'une course longue et pénible, loin de nous effrayer, nous plaisait ; il y a des moments où l'effort corporel est un besoin, une diversion nécessaire aux angoisses morales. A ce point de vue le chemin de fer ne laissait rien à désirer ; le sentier le plus rocailleux, la charrière la plus effondrée sont des planchers unis en comparaison. Le pied glissait à chaque pas, tantôt sur le rail poli, tantôt sur la neige gelée, enfonçant ici dans une invisible crevasse, et là se heurtant à quelque saillie imprévue. Ainsi trébuchant, bronchant, chancelant, titubant, nous n'avancions guère, en dépit du vieux dicton : Qui trébuche et ne tombe point, avance son chemin.

Mais nous n'y pensions pas. « Cette façon d'aller, » si laborieuse qu'elle fût, n'avait pas le pouvoir d'arracher nos cœurs aux préoccupations saisissantes de la journée et de l'heure présente. A droite, la montagne absolument noire dressait sa paroi presque perpendiculaire ; à gauche, dans un ravin profondément creusé, entre deux rangées de saules défeuillés, semblables à des squelettes de vieillards tremblants, la rivière coulait. Et de l'autre côté, en sens inverse, se traînait une longue file brunâtre d'hommes, de chariots et de chevaux, dont le piétinement monotone se mêlait au murmure de l'eau. De lointaines rumeurs, de temps en temps une note plus haute, sourde et grave, répétée et prolongée par l'écho, augmentaient la mélancolie de cette scène fantastique.

Et je ne sais par quelle réminiscence involontaire, ou par quelle analogie d'idées, de tableaux, et de situation, des vers du divin poëme, incohérents et sans suite, flottaient dans mon esprit.

Nous cheminions comme Virgile et Dante sur le bord escarpé d'une montagne dont nos yeux n'apercevaient ni la cime, ni la base, dans un lieu et dans un air « muets de toute lumière, » tristes, glacés, au-dessus d'un gouffre où s'agitaient, à peine entrevues, des multitudes d'âmes gémissantes, des formes insaisissables, et de ce chaos où le regard se perdait, « plaintes, soupirs, paroles de douleurs, voix aiguës ou rauques, » en bruits confus, en lamentable harmonie, à nos oreilles montaient, « tellement que de pitié, le cœur se sentait prêt à défaillir... » Et pourtant ceux-là n'étaient pas complétement malheureux ; « ils n'avaient pas perdu l'espérance de la mort... »

Au milieu de ces images, par contraste ou besoin de réaction expiatoire, tout à coup m'apparaissaient les figures réjouies des mortels révérés, chefs des peuples, conducteurs des pâles humains. Je les voyais assis en des festins magnifiques, entourés de flatteurs, enivrés de gloire, d'encens et de bons vins.

Allez, pauvres damnés de ce monde, consolez-vous. On triomphe à Versailles, on s'amuse à Wilhelmshöhe. Votre malheur est le bois dont on allume les feux de joie impériaux. Chair à pâté vous fit le ciel, et pour nul autre usage que celui d'être hachés menu. Chacun son métier ; le vôtre est de souffrir. Il n'y a pas moins, sachez-le, de deuils en Allemagne qu'en France, ni de misères.

Un incident singulier vint interrompre ces rêveries et faillit compliquer notre voyage ou le terminer brusquement. A une courbe de la ligne, un train arriva sur nous d'une manière si soudaine, que nous n'eûmes que le temps de nous jeter de côté dans l'intervalle étroit resté libre entre la voie et la montagne. Chose étrange ! Mécaniciens, conducteurs, voyageurs, semblaient aussi effrayés que nous, criant, sifflant, gesticulant ; à toutes les portières des têtes effarées s'agitaient, et le train filait comme un éclair. Malgré cette vitesse et l'obscurité, nous vîmes très bien qu'un wagon, au milieu du train, roulait, bondissait en dehors des rails, debout toutefois, maintenu par ceux auxquels il était lié ; mais tout disparut en un clin d'œil. Ne voyant, n'entendant plus rien, nous reprîmes notre direction, chargés d'une inquiétude nouvelle, que nous n'attendions pas. Par bonheur l'événement ne la justifia point ; le train s'arrêta presque aux portes de Pontarlier, et tout le monde en fut quitte pour la peur. A cent pas plus loin le garde-voie ramassait un essieu brisé. C'était un résultat et non la cause du déraillement, car longtemps encore nous pûmes reconnaître sur la neige, à une distance qui variait de deux à trois pouces des rails, la trace ou l'ornière des roues, et l'espace ainsi parcouru comptait peut-être deux kilomètres.

Hélas ! quel esprit, quel homme, quelle doctrine, n'est pas aujourd'hui précipité hors de sa voie : *The time is out of joint* [1].

Au Francbourg, la vieille route postale redevenait libre ; sans espoir de gagner beaucoup au change, il nous parut prudent de la reprendre. Oh ! qu'elle est longue, qu'elle est longue cette route, quand il faut la parcourir lentement, péniblement, à pied, par une froide nuit d'hiver, et l'âme plus désolée que l'aride vallon au milieu duquel elle se déroule, et s'allonge, et s'étend.

Et cependant l'an dernier, par une nuit presque semblable, ce trajet sans fin m'avait semblé court. Je venais de quitter Pontarlier en fête. Musique, fanfares, illuminations, drapeaux, trophées, guirlandes, égayaient la ville. Chaque

---

[1] Hamlet. Le char du temps est sorti de son ornière.

Traduction Ernest Fouinet.

maison avait son festin. Dans ma tête résonnaient les chansons et les discours. On avait proclamé la fraternité des peuples, le règne de la paix ; on avait bu à tous les progrès, à toutes les conquêtes de la civilisation. Plus de mécomptes, plus d'ombres, plus de nuages, plus de guerres ici-bas. Phébé la blonde s'en réjouissait dans le ciel et les étoiles plus joyeusement scintillaient. Maintenant, lune, étoiles, cieux, monts et vallées, tout semble en deuil, et des bruits de sanglots invisibles, comme des ondes souterraines, grondent sous les pieds.

Mais tout chemin, et tout voyage trouve son terme. Parvenus à la ligne idéale, conventionnelle, qui sépare la Suisse de la France, un qui vive , non , un *Wer da* énergique nous barre le passage, et le bruit sec de trois Peabody qui s'arment en même temps : crrac, crrac, crrac ! écorche notre oreille.

Amis ! répondons-nous aussitôt, et nous y ajoutons tant bien que mal, avec un accent welche, toujours suspect à des tympans germaniques : *Schweizer, Eidgenossen !*

Le caporal vient avec ses quatre hommes ; il noüs examine, il nous interroge. Nous ne comprenons pas ses questions ; il ne comprend pas nos réponses. Toutefois, il nous laisse rentrer chez nous. C'est bien heureux !

Dix pas au delà, même cérémonie, et une troisième fois encore.

Il serait pourtant si facile de ne pas se battre et de laisser chacun chez soi vivre à sa guise. Je voudrais savoir s'il y a un seul Germain et un seul Gaulois, — des pauvres, j'entends, — qui n'eût préféré rester l'hiver au coin de son feu, bien pacifiquement ? Quant à nous, qui n'avons rien à voir dans cette querelle d'Allemand, la demande ne peut pas seulement être posée.

Le village des Verrières de France était plongé dans le plus doux sommeil. Le village des Verrières de Suisse présentait une agitation extraordinaire. Et c'est, en réalité, un seul village ; on eût dit un homme pris de fièvre à droite, et de paralysie à gauche, ou si vous aimez mieux, un hareng sur le gril, brûlé d'un côté, glacé de l'autre.

Ce contraste frappait d'autant plus qu'il eût dû se produire en sens opposé, et qu'on se serait plutôt attendu à rencontrer le calme où dominait l'inquiétude, et le trouble où régnait l'apathie.

Ce qui ne nous empêcha pas de sentir délicieusement le prix du retour ; il nous semblait avoir fait une longue absence, et vécu plusieurs années en quelques heures. Dès que notre pied eût franchi la frontière, dès que nous nous vîmes au milieu de concitoyens et d'amis, une impression de rafraîchissement et de sécurité s'empara de tout notre être. Nous portions la tête plus haute, nous marchions d'un pas plus ferme. Ici du moins, en face de l'ennemi et du danger, nous étions quelqu'un et quelque chose ; nos bras pouvaient agir, nos cœurs battre, nos bouches parler. Tout à l'heure impotents, inertes, étrangers parmi les vivants, maintenant nous vivions, nous étions redevenus hommes, et la liberté faisait palpiter jusqu'aux moindres fibres de notre organisation.

> O patrie ! O patrie ! ineffable mystère
> Mot sublime et terrible, inconcevable amour !
> L'homme n'est-il donc né que pour un coin de terre,
> Pour y bâtir son nid et pour y vivre un jour !

Un capitaine d'état-major fédéral, par amicale politesse et pour nous faire honneur, nous conduisit auprès du colonel Rilliet, commandant la division d'avant-garde aux Verrières. Cet officier supérieur écouta avec bienveillance le

récit de notre voyage en nous offrant d'un petit vin blanc
qui, après le régime anachorétique de la journée, valait
mieux pour nous que toute l'histoire universelle de Bossuet.
Nos renseignements étaient de peu de valeur ; cependant le
colonel, en apprenant la manière dont **MM.** Manteuffel et
Werder entendaient l'armistice qu'il croyait encore comme
tout le monde sans aucune restriction, prévit aussitôt quelle
tâche difficile, délicate et lourde ce coup de Jarnac allait
imposer à nos troupes et à tout le pays.

Tout à l'heure j'essaierai de raconter l'humble part
de notre village à ce sauvetage que la fortune de deux
peuples monarchiques réservait à une république, d'es-
quisser les tableaux émouvants qui se sont déroulés sous
nos yeux, de dire ce que nous avons éprouvé, senti, pensé
à la vue de cet effrayant exemple des fragilités de la grandeur
et de la puissance.

Pour le moment, il nous faut achever notre Odyssée, re-
gagner notre pauvre Ithaque et deux grandes lieues nous
en séparent encore. Bah ! la nuit est belle ; nous sommes
reposés, et voici, par chance inattendue, que des camarades charitables veulent bien nous offrir des places sur
leur traîneau ! A la vérité, toutes les places sont déjà occu-
pées. Nous nous y casons néanmoins, je ne sais comment,
tant bien que mal et, par un miracle de bonne volonté et
d'équilibre, l'un portant l'autre, nous atteignons bientôt
sans encombre et notre logis et notre souper. Puissent finir
ainsi tous les voyages.... et tous les exils !

II

LE PASSAGE DU VAL-DE-TRAVERS.

Une observation curieuse a été faite pendant cette guerre; il était plus difficile d'être renseigné sur des événements arrivés à nos portes que sur ceux accomplis à cent lieues. Les épisodes du siége de Belfort ont été moins bien et plus tardivement connus en Suisse que ceux de Strasbourg, de Metz, d'Orléans, et je pourrais dire avec plus de certitude ce qu'on faisait à Paris le 31 janvier, que ce qui se passait ce jour-là à Pontarlier et aux Verrières, que nous touchons.

Ce n'est pas que les témoins et les narrateurs fussent rares. On ne faisait qu'aller et venir, et chacun apportait sa nouvelle authentique et fraîche. Autant de messagers, autant de versions. On y courait soi-même et l'on n'en savait pas davantage. L'attention, attirée à la fois de vingt côtés différents, troublée de rumeurs et de scènes confuses, s'échappe. On regarde sans voir, on écoute sans entendre. De là des erreurs surprenantes qui répétées, multipliées, accouplées, produisent de prodigeux enfantements. Leurs pères les renient, que leur importe? elles font leur chemin dans le monde; les monstres plaisent toujours. L'homme est de sa nature porté à la mythologie; il ne croit rien si volontiers que l'absurde.

Après cela, je ne suis pas historien; chroniqueur tout au plus, glâneur d'impressions fugitives, écho des bruits qui passent, choses déjà oubliées, et qu'il est tard déjà de rappeler. Chacun en prendra ce qu'il voudra.

La prise d'armes du 30, à Pontarlier, n'eut pas de suite. Au bruit de la générale, les officiers de tous grades qui remplissaient les cafés mirent le nez à la fenêtre, mais presque tous rentrèrent et reprirent tranquillement leurs parties de billard ou de piquet. Bah! dirent-ils, ce n'est rien : Erreur et fausse alerte! Néanmoins, quelques-uns partirent, et des régiments, en bon ordre, s'avancèrent vers Houtaud. La nuit fut très froide; c'était pleine lune et temps clair; on défendit d'allumer des feux et de fumer. Ainsi se passa la nuit. Au petit jour, les troupes rentrèrent sans avoir rien fait, ni rien vu qu'une estafette prussienne envoyée par le général Manteuffel au général Clinchant. Ce messager n'apportait pas une branche d'olivier; tout au contraire, il venait signifier au successeur de Bourbaki que la trève ne le concernait point et que Pontarlier serait attaqué et brûlé sans retard.

Pouvait-on se défendre? Bien des personnes le pensent, je l'ai dit, sans compter celles qui croient qu'il faut toujours se défendre, quoi qu'il en puisse arriver. L'encombrement des malades, la retraite déjà commencée et calculée sur l'armistice, l'émoi des propriétaires et des habitants à l'idée du danger qu'allaient courir leurs immeubles, diminuaient les avantages de la position. En outre et surtout, un succès ne changeait pas le résultat de la campagne, tandis qu'une défaite nouvelle aggravait énormément le désastre. L'armée n'était plus en état de reprendre l'offensive, et l'eût-elle été, le manque de vivres, les communications coupées l'auraient encore obligée à se retirer.

Ces considérations déterminèrent sans doute le général Clinchant. Un jeune officier de son état-major les traduisait par un mot sec et dur, presque blessant par l'air de parfaite indifférence avec lequel il le prononçait.

« Se défendre, disait-il, et pourquoi faire? à quoi bon? »

La décision de passer notre frontière fut prise le 31 janvier et aussitôt mise à exécution. Manteuffel ne consentait à épargner Pontarlier qu'à la condition que toutes les troupes françaises auraient évacué la ville le 1er février, à midi. Les colonnes, dirigées sur la vallée de Saint-Point, reçurent l'ordre de rebrousser chemin, les unes sur Jougne, les autres sur les Fourgs, et les moins avancées, ainsi que ce qui restait à Pontarlier, sur les Verrières.

« A la hâte, le tout alla du mieux qu'il pût, »

assez mal. Une quantité de chariots retardataires furent capturés et pillés avant d'avoir atteint la zône protégée par le fort de Joux. Ils sont encore sur place, renversés, brisés, mutilés et criblés de balles, car leur conquête coûta cher à l'armée allemande.

Avant de quitter Pontarlier, le successeur de Bourbaki publia la proclamation suivante, pièce capitale dans ce lamentable malentendu de l'armistice :

« Soldats de l'armée de l'Est,

« Il y a peu d'heures encore j'avais l'espoir, j'avais même

la certitude de vous conserver à la défense nationale. Notre passage jusqu'à Lyon était assuré à travers les montagnes du Jura.

» Une fatale erreur nous a fait une situation dont je ne veux pas vous laisser ignorer la gravité. Tandis que notre croyance en l'armistice, qui nous avait été notifié et confirmé à plusieurs reprises par notre gouvernement, nous recommandait l'immobilité, les colonnes ennemies continuaient leur marche, s'emparaient des défilés déjà en nos mains, et coupaient ainsi notre ligne de retraite.

» Il est trop tard aujourd'hui pour accomplir l'œuvre interrompue ; nous sommes entourés par des forces supérieures, mais je ne veux livrer à la Prusse ni un homme, ni un canon. Nous irons demander à la neutralité suisse l'abri de son pavillon, mais je compte dans cette retraite vers la frontière sur un effort suprême de votre part. Défendons pied à pied les derniers échelons de nos montagnes, protégeons les défilés de notre artillerie, et ne nous retirons sur un sol hospitalier qu'après avoir sauvé notre matériel, nos munitions et nos convois.

» Soldats, je compte sur votre énergie et sur votre ténacité. Il faut que la patrie sache bien que nous avons tous fait notre devoir jusqu'au bout et que nous ne déposons les armes que devant la fatalité.

« Pontarlier, 31 janvier. »

» CLINCHANT. »

Dès le soir de ce jour, l'avant-garde arrivait à notre limite. Le général Herzog y était déjà, et c'est dans la nuit, à cinq heures du matin, qu'il signa la convention de passage avec le général Clinchant. Suivant les uns, cet acte avait été précédé de préliminaires arrêtés entre des offfciers suisses et des officiers de l'armée de l'est, au Franchourg. D'après un autre témoignage, le général français, soit par une confiance qui nous honore, soit par des raisons inconnues, l'aurait signé sans même le lire.

La dépêche du général Clinchant qui annonce cette convention au ministre de la guerre à Bordeaux est datée des Verrières de France, 1er février, deux heures dix minutes du soir.

Copions aussi pour mémoire ce télégramme historique :

« Tout ce que vous écrivez à Jules Favre, je l'ai tenté inutilement près de Manteuffel ; il m'a même refusé suspension d'armes de trente-six heures pour que les gouvernements puissent élucider la question. L'ennemi ayant continué les hostilités, malgré mes protestations, et menaçant de couper ma retraite, même vers la Suisse, ce qui entraînerait la perte de l'armée et de tout le matériel, j'ai dû me rendre à la dure nécessité de franchir les frontières. Le matériel a presque effectué son passage à l'heure qu'il est. Le général Billot couvre la retraite avec trois divisions du 18e corps. Je vous enverrai aujourd'hui le texte de la convention que j'ai conclue avec la Suisse. »

Un méchant propos a couru sur ce sujet. On racontait que le général Clinchant avait dit au général Herzog, d'un ton assez dégagé, qu'il regardait la convention comme une pure formalité, et que sans l'assentiment de la Suisse il eût passé tout de même.

— Pas si facilement que vous pensez, répondit avec dignité notre général. C'était la guerre. Or, j'ai ce soir 40 000 hommes à mes ordres ; demain, j'en aurais eu 100 000.

Je ne rapporterais pas ce trait, peut-être apocryphe [1], si

<hr>

[1] On assure que ce fait n'est pas exact : soit ! Mais on ajoute que le

le même mot, répété deux jours plus tard, ne lui donnait une certaine vraisemblance. A l'observation que lui faisait une dame, son hôtesse, que les Français devaient être heureux d'être reçus si cordialement en Suisse, un colonel répliqua lestement : « Mais on ne pouvait faire autrement ; sans cela nous aurions forcé le passage. »

Ceci nous semble caractéristique. On n'est pas plus ignorant et plus présomptueux. Cet officier était d'ailleurs le plus charmant colonel…. d'opéra-comique, qu'on puisse voir ; aimable, brave et galant, ne doutant de rien, et ne se doutant pas de grand'chose. Resté à l'arrière-garde, il se serait intrépidement battu. Ce n'est pas le courage qui manque aux officiers français.

Malgré le désordre d'une fuite précipitée et d'un brusque changement de direction, le 1er février a été une lugubre journée pour les envahisseurs victorieux. La *Gazette de Cologne* avoue que ce jour-là, entre Pontarlier et la Cluse, le régiment de Colberg a eu quatre officiers tués, un grand nombre grièvement blessés et 400 hommes morts ou blessés.

Dans ce combat succombèrent, du côté des Français, M. le chef de bataillon Beaupoil de Saint-Aulaire, dont le corps séjourna trois semaines dans le Doubs, et M. le sous-lieutenant Raygot, tous deux d'un régiment d'infanterie de marine récemment arrivé du Sénégal. C'était revenir de bien loin chercher la mort. Mystérieuse destinée !

Le journal allemand dit que ce fut le dernier épisode de la lutte. Je crois qu'il se trompe. On s'est battu le 2, le 3,

<hr>

général Herzog n'était pas même aux Verrières à ce moment-là. Ceci me paraît moins croyable, et contraire en tout cas à la date de la convention, ainsi rédigée :

« Fait en triple expédition aux Verrières, le 1er février 1871. (5 heures du matin.) « CLINCHANT. — HANS HERZOG. »

le 4, et depuis encore sur différents points. On tient ici pour certain qu'une attaque contre les forts de Joux aurait coûté des pertes considérables aux assaillants. Les Pontissaliens parlent de plus de 2000 Prussiens tués dans cette affaire ; les eaux du Doubs leur arrivaient teintes de la pourpre des rois. Les récits populaires sont toujours exagérés, et celui-ci ne fait pas, sans doute, exception. Toutefois, bien des jours après, plusieurs de nos concitoyens ont pu voir les bords de la rivière et du chemin couverts de cadavres d'hommes et de chevaux. « C'en était tout noir, » disaient-ils. Et maintenant encore, l'on ne passe point en cet endroit sans remarquer, à droite et à gauche, des tumulus énormes, où se devinent des formes humaines à travers la mince couche de terre qui les recouvre. Il a même fallu recommencer ces inhumations incomplètes.

Un journal de Pontarlier [1] assure que le siége des forts de Joux et du Larmont a duré neuf jours et qu'il n'a été levé qu'après un assaut dans lequel les Allemands ont perdu beaucoup de monde. Il parle de 3000 soldats tués, au moins, et de 46 officiers. Ce serait, dit-il, le plus grand revers qu'aurait subi l'armée prussienne relativement à l'importance de ces deux petites forteresses. On ne saura jamais le total de ces pertes, ni d'autres. Les chiffres sont accommodants et les morts ne réclament pas.

Le fort de Joux n'avait que 300 hommes de garnison, et le fortin du Larmont 180. Tous deux sous les ordres du capitaine Chabal, avec le chef de bataillon Petitmaître pour diriger le génie, et le commandant Ploton, officier de marine, chef de l'artillerie. Ce dernier a montré beaucoup de vigueur, et c'est à lui que l'opinion reporte l'honneur de cette belle résistance.

[1] *Le Nouveau Courrier de la Montagne,* du 19 février.

Malheureusement, si la route était bien gardée, on avait par un oubli surprenant, laissé libres les passages des sommets du Larmont, qui conduisent aux Verrières, et ceux, moins élevés, plus faciles, de la colline (le Laveron) qui sépare le bassin de Pontarlier des vallons d'Oye et de Saint-Point. Un officier de hussards racontait que le matin du 1er février, étant au village d'Oye, à fumer tranquillement sa pipe, il fut très surpris d'entendre siffler à ses oreilles des balles qui venaient on ne sait d'où, du ciel, de la montagne, des sapins. « Qui diable se serait imaginé, ajoutait-il, que ces enragés passeraient par là ! »

Je ne pus m'empêcher de lui faire observer que l'étonnant en cela, c'était de ne pas l'avoir prévu, et cette remarque lui sembla, à coup sûr, bien impertinente.

Rien de plus aisé en effet que d'occuper ce plateau couvert de hameaux et de communes ; de Pontarlier, c'est une promenade. Quoique surpris, les Français s'y défendirent cependant. Les Prussiens eurent là 100 morts bien comptés et plus ; les Français 3 seulement et quelques blessés. Je tiens ce détail d'un habitant du pays.

En franchissant la même croupe, un peu plus à l'ouest, d'autres soldats allemands tombèrent, à l'improviste également, par Bonnevaux et la gorge du Tournant, sur les troupes déjà engagées dans les hauts vallons qui conduisent à St. Laurent. Elles n'avaient, paraît-il, ni consulté les cartes, ni pris soin de s'informer s'il existait des routes, des ponts et des passages. Il est vrai que les Prussiens trouvèrent là, comme ailleurs, dans les paysans effarés, des guides trop complaisants et trop bien renseignés.

Ces attaques inattendues ont dû mettre beaucoup de désordre dans la retraite ; la tête des colonnes se hâta vers Mouthe et au delà, la fin rebroussa sur Jougne, et un grand nombre, dit-on, de ceux du centre, se jetèrent sur les flancs du Mont-d'Or, et dans la grande forêt du Risou, où des centaines auront trouvé, par le froid, la faim, la fatigue, une mort obscure et douloureuse.

Le Larmont, plus haut, plus abrupte que son frère le Laveron, n'offre pas une escalade aussi facile. Cette chaîne, qui se prolonge assez loin et sépare vis-à-vis de la Brévine le territoire suisse du sol français, s'élève au Gros Taureau à 1326 mètres, c'est-à-dire à plus de 400 mètres au-dessus de Pontarlier. Point de village à ces hauteurs, couvertes alors de trois pieds de neige. Quelques métairies écartées, et de l'une à l'autre nul chemin. Il y en a bien un pourtant, et même un chemin fait tout exprès pour des canons [1] ; travail exécuté en 1814 par les Autrichiens lorsqu'ils voulurent battre en brèche le fort de Joux des rochers qui lui font face et le dominent. Mais ces rochers sont aujourd'hui un autre fort taillé tout entier dans le roc vif. Le Larmont n'est plus accessible à un ennemi de ce côté. Il faut gagner plus au nord-est les sentiers fort raides que suivent en été les vaches et les bergers. Un capitaine de gendarmerie avec sept de ses hommes a fait cette traversée pénible le 1er février, sans connaître la contrée et dirigé par une carte fort médiocre. Arrivés tard à Pontarlier, et se voyant près d'être cernés, ces huit cavaliers avaient fui à travers champs et forêts, monts et vaux, brassant la neige jusqu'à la ceinture, traînant leurs chevaux, et étaient ainsi arrivés vers le soir aux Verrières, puis de là sans arrêt à Fleurier, où ils ont couché.

Des uhlans, non moins intrépides, on fait ce trajet le lendemain et peut-être sur les traces même des pauvres fugitifs, comme des chiens à la piste du gibier. Ils ont rançonné

---

[1] On l'appelle : le chemin à canons.

quelques maisons en passant, et se sont fait servir à boire et à manger. On les a vus sur le coteau, près des Verrières. Les jours suivants, d'autres cavaliers franchissant à leur tour les sommets glacés du Laveron et du Larmont, ont parcouru toute la vallée en deçà des forts, et poussé leurs excursions jusqu'aux Fourgs et aux Granges, à dix pas des factionnaires helvétiques.

Ces *fantasia* ne devaient pas manquer de charmes. On peut supposer, néanmoins, que les centaures germaniques ne s'y livraient point par caprice ou par goût d'aventures.

Lorsque nos factionnaires découvraient à l'horizon les profils nibelungiens des chevaliers teutons, ils se disaient entre eux : « Attention ! voilà Bismarck qui vient voir si nous sommes à notre poste et si les choses se passent à sa guise. » On rencontre en tous pays des gens qui croient avoir oublié quelque chose s'ils rentrent les mains vides, et perdu leur journée s'ils n'ont pas le soir quelque rapport de police à rédiger ; race plus ou moins nombreuse, plus ou moins considérée suivant les influences originelles et les institutions sociales.

En cette occasion, la peine surpassait de beaucoup sinon le plaisir — cela dépend des goûts — au moins le profit. Où il n'y a rien, le uhlan perd ses droits... Et quant à ce qui nous regarde, il n'était pas besoin de venir ainsi regarder par dessus les bornes. Sauf, malheureusement, les lettres écrites aux souverains avec la vieille phraséologie diplomatique et mystique des chancelleries, dans les républiques tout se passe au grand jour, sous le controle vigilant du peuple. La liberté ne permet ni le mystère ni la ruse. Messieurs les sujets de l'empire, sans se déranger, auraient pu l'apprendre du premier venu ; les citoyens suisses n'ont manqué nulle part aux devoirs des neutres et aux lois fraternelles de l'hospitalité. Aux Verrières, comme à Bâle, comme à Porrentruy, leur conduite a été loyale.

A mesure que les troupes françaises mettaient le pied sur notre sol, des officiers recevaient les officiers, prenaient les noms des régiments, des bataillons, des compagnies ; les soldats désarmaient les soldats, puis les uns et les autres étaient dirigés vers l'intérieur, soit à pied, soit en chemin de fer, sous l'escorte bienveillante des miliciens helvétiques.

Cela dura plusieurs jours, presque sans interruption la nuit. Combien d'hommes passèrent ainsi ? On en avait annoncé 80 000, et l'on dit même aujourd'hui 85 000. Le gouvernement seul a pu en publier le dénombrement exact. Nous, spectateurs, nous n'avons pas compté. C'était une multitude, une seule et immense misère, une seule douleur. *Homo, homini lupus*. L'homme est un loup pour l'homme. Vieil adage, peu consolant, toujours vrai et que dix victimes confirment aussi bien que cent mille. L'iniquité ne se mesure pas au nombre et à son importance matérielle. En justice, en morale, le chiffre ne fait rien à l'affaire. Toutefois l'entassement des choses en augmente singulièrement l'impression. Un grain de sable n'étonne pas, et la montagne composée de grains de sable frappe l'imagination. La répétition est un des secrets de l'art dramatique, et les tueurs d'hommes, que sont-ils, sinon de grands faiseurs de tragédies ? Les âmes les plus froides, les cœurs les mieux bronzés ont fini par se sentir émus, bouleversés, indignés par la longue procession de douleurs qui, une semaine entière, a coulé dans notre vallée comme un fleuve de damnés vomi par l'enfer. On ne saurait imaginer une souffrance, une misère, un regret, un désespoir dont nous n'ayons pu photographier l'image avec toutes ses nuances et toutes ses variétés.

Et hier, à l'exposition universelle, dans ce Paris qui vient d'être affamé et bombardé, les hommes de toute langue et de toute contrée fraternisaient, les rois s'embrassaient, et de la terre et des cieux semblaient sortir des voix joyeuses s'écriant: Hosannah! Enfin, l'évangile va devenir une vérité.

Et demain, un pasteur montera en chaire dans la capitale d'un grand empire, et il remerciera Dieu, le père commun des hommes, de ce qu'il lui a plu, dans sa bonté, de répandre une telle désolation sur une partie de ses enfants, au profit de l'autre; et il montrera les péchés de ceux qui sont abattus, et il célébrera la gloire, le génie, la grandeur d'âme, la générosité des vainqueurs !

Je crois l'entendre : « Tel autrefois le roi David... » Mais ce beau discours, chacun le sait par cœur. On l'a récité devant tous les césars; c'est vieux comme une écuelle lacustre. *Victrix causa Diis placuit...* « La cause victorieuse plaît aux dieux ; » — je ne leur en fais pas mon compliment. — « La cause vaincue plaît à Caton, » Simples mortels, imitons un mortel ; l'exemple des dieux n'est pas fait pour les petites gens, et tandis que les courtisans du succès se pressent autour du char des triomphateurs, retournons auprès de leurs victimes.

C'était un mercredi, le 1er février ; un brillant soleil glissait sur les croupes blanches des monts et les faisait resplendir ; le thermomètre marquait douze degrés au-dessous de glace ; et l'antique horloge, où tant d'heures tristes et douces ont sonné pour nos pères depuis un siècle, marquait neuf heures.

Toute la nuit les boulangers avaient pétri et enfourné ; toute la nuit les bouchers avaient dépecé les bœufs saignants, et dès l'aube, sur tous les foyers, marmites, chaudrons, chaudières, casseroles fumaient, pleines d'une soupe appétissante.

Aussitôt qu'au sortir du défilé de la Chaîne, — que jadis en vain voulut forcer le Téméraire, « avecques moult gens d'armes de pied et de cheval, espandant la terreur au loing, » — on aperçut l'avant-garde des pèlerins de la mitraille, un cri retentit de maison en maison : « Les voilà ! ils viennent ; » et sur la route, échelonnés, femmes, jeunes filles, enfants, vieillards, citoyens de tout âge et de toute condition, tous se tiennent prêts. Nul dans ses mains ne porte « arquebuzaides, » lances, épées ou carabines, comme au besoin se ferait pourtant, mais corbeilles de pain blanc, brocs de vin, potages, café bouillant, et encore, tabac, cigares, chocolat, liqueurs, offerts avec sympathiques paroles et réconfortants visages ; ce n'est plus la guerre, c'est la paix, c'est la charité. Amis, reprenez courage :

> ...Les destins et les flots sont changeants !

Les premiers qui passèrent étaient des artilleurs avec pièces et caissons, à pied, à cheval, ou juchés, jambes pendantes, sur les affûts. Beaux hommes, grands, de martial corsage, à l'air résolu, au regard tranquille. A leur poste, à leur rang, les officiers, sérieux et dignes, marchaient. Tous, des yeux, semblaient dire : Quel malheur, n'est-ce pas ? Avec de tels canons en être réduits là...

L'un de ces canons, près de sa bouche noircie de poudre, présente une large tache de sang...

Et la lugubre procession continuait, comme l'eau des rivières, toujours semblable, toujours nouvelle, sans intermittence, sans arrêt.

Tout ce qui est matière inerte, insensible, brille, reluit,

se porte bien. Tout ce qui est vivant souffre, languit, désespère et se meurt. En ces temps perfectionnés, il vaut mieux être bronze, fer, bois, acier, que chair palpitante. Heureux les blocs erratiques que la glace pousse devant elle.

Merci ! merci ! disaient les soldats, après avoir reçu au passage un verre de vin, une tasse de bouillon... Merci ! mais c'est assez, gardez-en pour ceux qui nous suivent ; ils sont nombreux, et plus malheureux que nous encore.

Les chevaux ne disaient rien, mais ils avaient leur part. Çà et là, quelque âme compatissante leur tendait un morceau de pain, ou une poignée de foin parfumé, dérobée à la grange voisine, larcin que nul propriétaire ni gendarme n'a dénoncé au juge correctionnel. Pauvres bêtes ! à quoi songez-vous en cheminant ainsi, la tête basse, le ventre creux, l'estomac vide, rongeant les crins des camarades qui vous précèdent, et que pensez-vous de ces bipèdes insensés, plus faibles que vous, et vos maîtres pourtant ?

Après l'artillerie et avec elle, pêle-mêle, arrivèrent de longues files de fourgons, de chariots, de cavaliers, au milieu desquels se traînaient, se glissaient, se faufilaient des piétons isolés, débris épars de tous les corps et de tous les régiments, lignards, mobiles, cuirassiers et hussards démontés. Sans ordre, sans chefs, ils allaient au hasard, l'œil morne, gelés, transis, les vêtements en lambeaux, et la plupart n'ayant aux pieds que des fragments de chaussures ou des lambeaux de chiffons sanglants.

Ah ! les fournisseurs auront gagné de belles fortunes, et si la reconnaissance publique n'en fait pas bientôt des députés, des préfets, des conseillers d'état, voire des comtes et des barons, il faut renoncer à se dévouer aux intérêts de son pays ! Ceux qui mènent si bien leurs petites affaires doivent être capables de conduire celles de l'état. Ainsi le déclare la logique, science suprême.

Il n'y a pas trois mois, tout cela était neuf, drap de première qualité, cuir, idem, et payés pour tels, bien entendu.

— Eh bien, quoi ! on en fournira d'autres au même prix. Voilà tout.

— Mais les hommes gelés, mais les batailles perdues, mais la France aux abois.

— Ça, c'est un détail.

Question d'équilibre, et rien autre. Un plateau de la balance s'élève d'autant plus que l'autre est chargé davantage. La pauvreté du peuple nourrit le prince, et la misère de beaucoup enfante la richesse de quelques-uns. La fortune et la gloire, s'élèvent des ruines et des tombeaux comme les flammes brillantes se nourrissent du bois qu'elles consument.

Au milieu des bagages se trouvait le trésor ; on le fit sortir des rangs et camper sur la place. Nous avons eu le plaisir de contempler pendant huit jours, avec tout le respect qui leur était dû, ces arches saintes contenant, disait-on, trois millions et demi. En ce temps-là, trois millions passaient encore pour mériter la considération du vulgaire. Depuis la paix, on ne s'arrêterait pas seulement pour les ramasser. Des milliards, à la bonne heure ! Le séjour des sacs d'or et d'argent nous a valu celui des officiers payeurs. Oh ! les jolis hommes bien mis, et propres avec leurs habits verts galonnés d'argent. Ces philanthropes professent hautement pour les guerriers le plus philosophique mépris. Qu'ils tuent ou soient tués, qu'ils soient vainqueurs ou vaincus, cela ne les regarde nullement. Eux, ne se battent pas ; ils reçoivent, ils paient. On dirait qu'ils ont des ailes aux talons, comme Mercure leur patron, tant ils marchent avec légèreté et tant ils sont prestes à retourner chez eux après toutes les catastrophes. Ceux-là avaient été à Sedan.

La vérification de la caisse faite par notre état-major a constaté qu'elle contenait seulement un million et demi, et le public n'a pas épargné ses commentaires. Je me garderai bien d'y attacher la moindre importance. En richesse, et en sainteté, dit avec raison un proverbe italien, la moitié de la moitié. D'ailleurs, chacun sait qu'avant cette vérification, les officiers ont reçu très ouvertement et très légalement sans doute leur solde arriérée. Les soldats murmuraient de ne pas avoir touché leur part de cette distribution.

Vers deux heures on barra le fleuve en aval; alors le niveau des eaux monta rapidement et devint inondation. A la source, hélas! trop abondante, et ce jour-là inépuisable, qui descendait des Verrières, vint s'ajouter un filon détourné, personne n'a su pourquoi, du courant de Sainte-Croix, et le reflux d'une partie de ce qui avait déjà passé, renvoyée, repoussée des villages au-dessous du nôtre, faute de place et de nourriture. Ce n'était pas tout. Nous devions loger, héberger en même temps un bataillon de confédérés, deux compagnies d'artillerie fédérale, un commandant de place, plusieurs officiers d'état-major tant suisses que français, leurs chevaux, leurs domestiques ; total au moins 10 000 hommes et 2000 chevaux, peut-être beaucoup plus. On n'a sur ce point aucune donnée certaine. J'ai entendu dire le double.

Il y avait de quoi être effrayé, consterné. Mais en présence de l'impossible, on se résigne, on prend son parti, faisant ce qu'on peut, laissant à Dieu le reste. La distribution publique et particulière des soupes n'avait pas cessé un instant ; elle continua jusqu'à extinction de comestibles. Puis on laissa chacun s'en tirer comme il pourrait.

Deux grands bivouacs avaient été établis, l'un pour l'artillerie avec son matériel, ses chevaux et ses hommes, l'autre pour la colonne venue de Sainte-Croix. Cette colonne était composée de régiments de ligne, en assez bon ordre et conduits par leurs officiers ; elle comptait environ 2000 hommes.

On vit bien dans ces campements les avantages de l'éducation et de la discipline. Les vieux soldats savent tirer parti de tout. En peu de temps chaque escouade avait son feu, et sur ce feu une marmite dans laquelle mijotait quelque lambeau de viande arraché au cadavre d'un cheval abandonné sur la route. Ce sont ceux-là aussi qu'on voyait le lendemain, après cette nuit romantique, se livrer au régime hydrothérapique le plus effréné, demi-nus dans la rivière, faire la lessive, raffistoler leurs guêtres et leurs chaussures, et tout cela gaîment, de bonne humeur, sans forfanterie mais sans découragement.

Abattus au contraire, et désolés, ne sachant que devenir, ne sachant que faire, erraient à l'aventure les moblots inexpérimentés et les soldats séparés de leurs compagnies. Par le fait, ils n'en furent pas plus malheureux, au contraire. Ils allaient de maison en maison, et toujours quelque bonne âme prise de compassion leur entr'ouvrait la porte. Il y avait place pour dix, il en entrait cent. Un honnête fermier en a logé dans ses granges et dans ses écuries plus de sept cents, avec une cinquantaine de chevaux, et les autres en proportion.

C'était à l'aube un spectacle curieux et amusant, si on ose le dire, de voir ces dormeurs réveillés, un à un, en longues files noires sur la neige blanche, comme des fourmis processionnaires, sortir de chaque porte, de chaque fente, de chaque issue.

Plusieurs milliers se sont casés de cette manière; ils étaient les élus du paradis, le petit nombre. On sent bien qu'en de telles circonstances, pour ne pas coucher à la belle étoile, il fallait être né sous une bonne étoile. Bienheureux déjà s'estimaient ceux qui parvenaient à se glisser sous un hangar, à se hisser sur une galerie, et à se préparer un matelas de bûches et de copeaux. Une planche semblait un lit de plumes obtenu par faveur céleste.

Quelques soldats demandaient à une bonne dame la permission de prendre pour alcôve un auvent appuyé contre sa maison.

— Eh ! mes enfants, leur dit-elle, comment voulez-vous que je dorme de l'autre côté du mur, en vous sentant si mal de celui-ci ?

— Mal? Allons donc ! Si ce n'est que cela qui vous tourmente, dormez tranquillement, chère dame. Voilà plus d'un mois que pareille aubaine ne nous arrive.

En effet, les pauvres diables se trouvèrent si bien, dessus et dessous les bancs de bois, que le lendemain ils revinrent s'y installer à trois heures de l'après-midi, de peur d'être prévenus par d'autres.

Les imprévoyants, les flâneurs, ne découvrant plus nulle part dans le village un coin vide, un trou, une niche pour s'y blottir, gagnaient les hameaux, les chalets isolés, les bois touffus. Marchant devant eux, sur la trace fraîche d'un pied humain empreinte dans la neige, ces chevaliers errants parvenaient aux domaines les plus reculés, aux retraites les plus sauvages, chez des gens parfois bien pauvres et qui les accueillaient de leur mieux, partageaient leur couchette de paille et leur morceau de pain noir.

On ne se doute pas du peu qu'il faut pour vivre et de l'étroit espace qui suffit à un mortel. Les six pieds de terre, réclamés par le fossoyeur, seraient du superflu si la mort ne grandissait les petits autant qu'elle rapetisse les grands. Trois pieds, deux pieds, moins que cela! J'ai vu vingt soldats ronfler bien à l'aise et rêver, qui sait! des plus douces choses, dans moins de place qu'il n'en faut au dernier valet du dernier hobereau de l'empire. Ils avaient porté à son extrême limite l'art de se pelotonner, de se ratatiner, et de se réduire à la plus simple expression. Les pieds rentraient dans les jambes, les jambes dans le corps, les bras s'enfonçaient dans la poitrine, la tête disparaissait sous l'aisselle. On eût dit un extrait d'homme Liebig condensé et mis sous presse. Un caporal de la ligne, malade et n'en pouvant plus, s'était ainsi plié, replié au fond d'une brouette, enveloppé d'une couverture de laine. Des centaines de personnes ont passé, repassé près de ce paquet, de cette chrysalide, sans soupçonner sous cette masse inerte, informe, un être vivant, créé à l'image de Dieu, et devant Dieu, le frère, l'égal, peut-être le supérieur, des empereurs, des riches, des puissants. Ce roi de l'univers resta ainsi trois jours et trois nuits ; lorsqu'on le reconnut, il respirait encore..... On poussa la brouette à l'ambulance !...

Il a raison, le vieil axiome : Ne jugez pas sur l'extérieur ; il a tort le vieux préjugé qui associe l'idée de vertu et d'ordre moral à la beauté de l'habit. Ces visiteurs étranges, ces va-nu-pieds en haillons ont laissé partout de bons souvenirs.

Il fallait, je l'avoue, surmonter une certaine répulsion pour aller au-devant d'eux. Les truands de la Cour des miracles, les amis du poëte Villon, pendus jadis à Montfaucon, les Bohémiens de Callot n'ont pas mine plus délabrée et tournure plus tristement pittoresque. L'âme se serrait à les voir, car ni l'art, ni le caprice n'étaient pour rien dans ce délabrement. Mais bientôt sous cette livrée de misère, on reconnaissait d'honnêtes cultivateurs, de braves ouvriers, des marchands, des employés, des bourgeois, enrégimentés, et jetés à ce gouffre dévorant par devoir et stricte obligation sociale. La douceur et la résignation formaient le fonds commun du caractère de ces malheureux, si brutalement traités de tas de canailles et de lâches voleurs par quelques-uns de leurs chefs. Pas une plainte, pas un désordre. Jamais misérables secourus n'ont montré plus de discrétion et de reconnaissance, ni moins de fiel et d'amertume. Ils étaient étonnés, voilà tout; étonnés de leur infortune persévérante dont ils ne comprenaient ni la raison, ni le but, ni la cause, — n'avaient-ils pas régulièrement payé leurs impôts, respecté le gendarme, voté toujours et sur tout comme le maire et le curé?—étonnés de voir finir leurs privations et de rencontrer en pays inconnu, chez des étrangers, du pain et de sympathiques paroles, ce qui réconforte et ce qui nourrit.

Quoi! tous des petits saints?

Non pas! Ici, comme partout, faisons la part des exceptions, pour confirmer la règle. Par exemple, la plupart n'avaient pas lu Addison et ignoraient que la propreté est une demi-vertu. En définitive, c'est la plus sérieuse plainte générale qu'on ait pu leur adresser. Encore a-t-il suffi de quelques observations pour obtenir à cet égard de grandes réformes. Et, chose à noter en Suisse, dans cette foule désœuvrée, livrée à elle-même, où l'argent ne manquait pas, nous n'avons pas vu en huit jours un seul homme ivre ! ! !

Les dames qui ont soigné des malades s'y sont attachées comme à des enfants dociles. Oui, tous ces rudes soldats du nord et du midi, de l'Alsace et de la Lorraine, Bretons, Normands, Tourangeaux, blessés, gelés, tremblant de fièvre, suffoqués de pleurésie, étouffés de catarrhes, ont été chez nous des enfants bons et dociles. Aussi frappés que Job, aussi patients, et ne maudissant point le jour de leur naissance, ni leurs bourreaux. Nous en avons vu mourir, non pas, certes, sans regrets de quitter la vie en pleine floraison de jeunesse, loin de la famille, de la payse, des amis, de la patrie, mais sans révolte et sans haine.

Un millier de malades ont été recueillis et soignés, soit à l'hôpital du village, — les varioleux, — soit chez des particuliers, soit enfin, et pour le plus grand nombre de beaucoup, dans une ambulance française établie et dirigée par des aides-majors d'un corps de cavalerie, sous les ordres du major Sancery. Ils sont partis, et nous les regrettons, médecins, infirmiers, malades. De douces relations d'estime s'étaient nouées entre eux et nous. Une quarantaine pourtant nous restent et ceux-là ne nous quitteront pas ; ils dorment au milieu de nos parents, dans le paisible enclos où notre place est marquée aussi. Que la terre leur soit légère.

Oserai-je le dire? Les officiers n'ont point éveillé la même sympathie. La misère des soldats et le malheur même de leur pays ne semblaient point les toucher. Uniquement préoccupés d'eux-mêmes, de leur bien-être, de leur toilette, de leur table, brillants et soignés comme à la parade, ils ne daignaient pas jeter un regard de compassion sur les malheureux, errant par la neige, affamés et transis. Ceux qui ont eu la bonne fortune de retrouver ce qu'ils

appellent noblement *leur popolte,* c'est-à-dire leurs fourgons particuliers bien garnis de mets recherchés et de vins
choisis, se sont fait servir à trois services, de fins repas,
tandis que leurs infortunés compatriotes, sous leurs yeux,
manquaient de tout. Ils avaient l'air étranger à ce vil peuple et aux misères de ce monde. A la vérité, nous ne leur
inspirions pas beaucoup plus de considération, et l'on de-
vinait assez la pitié qu'ils éprouvaient pour des rustres
incapables d'apprécier les beautés du système napoléo-
nien. On eût dit des demi-dieux tombés sur la terre au
milieu des mortels. Ces sentiments s'étalaient avec une
vanité si naïve, un égoïsme si naturel, que ces messieurs
seraient, je n'en doute pas, fort surpris d'apprendre que
leurs hôtes aient pu en être froissés, ou seulement les remarquer. Les titres, l'argent, l'autorité sont de grands
corrupteurs.

Plusieurs familles, pour recevoir des officiers français,
ont abandonné leurs chambres et leurs lits. Presque toutes
le regrettent. Tout leur semblait dû, à ces nobles personnages. Dans les maisons peu riches, lorsqu'ils pouvaient
et devaient payer, ils l'ont fait en marchandant et de la
plus mauvaise grâce. D'ailleurs, gens bien élevés, comme
on dit, d'une politesse exquise, mais sèche, froide, hau-
taine, qui rappelait à chaque instant les vers du fabu-
liste :

> Vous leur fîtes, seigneur,
> En les croquant beaucoup d'honneur.

Je pourrais citer bien des traits ; je me borne à un mot
si dur qu'on a peine à y croire ; il est authentique pourtant :
je le tiens de la personne à qui il fut adressé, et l'on n'in-
vente pas ces choses-là. Une dame courait de groupe en

groupe, agitée, fiévreuse, distribuant des secours toujours insuffisants.

— Ne vous tourmentez donc pas tant, lui dit un bel officier avec le plus dédaigneux sang-froid , ces gens sont accoutumés à coucher dehors et à ne pas manger.

Tout cela jette des lueurs fauves dans l'obscure profondeur où se cachent les causes des événements. On devine, on entrevoit des rapports entre la misère des soldats, la tenue, le langage, les allures des brillants officiers, et les désastres que ni les uns ni les autres n'ont su, — ou pu, — prévoir et empêcher. L'armée de l'Est était un faiscean sans lien ; les chefs se défiaient de leurs soldats et ceux-ci n'avaient point de confiance dans leurs chefs. Jamais armée ne tomberait dans ce découragement et dans ce délabrement avec des officiers vigilants et soigneux du bien-être de leurs subordonnés.

Je n'insiste pas. Le même jugement est né partout des mêmes observations et des mêmes contrastes. Mais partout aussi, ne négligeons pas de le dire, on a reconnu, cité, admiré de bien honorables exceptions au caractère général que je viens de reconnaître chez ceux qui portaient les képis à double et triple galon. Il y a des hommes de cœur et de conscience dans tous les rangs, et dans les plus hauts comme dans les plus bas. Nous avons eu le bonheur de serrer la main, avec un sympathique respect, à des officiers soucieux de leurs devoirs, et ne songeant à eux qu'après s'être occupés des autres. Les soldats les connaissaient bien et montraient pour eux autant d'attachement que d'aversion pour les autres. « Si je pouvais au moins revoir mon officier ! » s'écriait un moribond. Et un autre : « Ah ! si mon capitaine était là, il me sauverait, lui ! » Parfois ils se disputaient entre eux : « Tu as beau dire, vois-tu, ton lieu

tenant ne va pas à la cheville du mien. Voilà un homme,
toujours le premier au feu, toujours le dernier couché!...»

Malheureusement peu nombreux et modestes, il fallait
les chercher, et encore en les cherchant, on ne les rencon-
trait pas toujours. Mais enfin, nous le savons, ils existent,
nous les avons vus, et c'est assez pour ne pas désespérer.

Un vice capital de l'armée de l'Est, et la cause ou l'une
des causes de son insuccès, comme pour celles de Faid-
herbe et de Chanzy, paraît avoir été l'organisation des mobiles en corps séparés, trop peu exercés, mal instruits, et
commandés par des officiers encore plus inexpérimentés
que les simples fusiliers. Si, au lieu d'en composer des bataillons distincts, on les eût fondus dans les cadres des an-
ciens régiments disloqués, le résultat de la campagne pouvait en être changé. La légion d'Antibes, renouvelée ainsi,
a montré une vaillance, une solidité incomparables. Cette
observation est d'un vieux commandant de gendarmerie.
Là, suivant lui, gît la grande faute. Mais pouvait-on faire
autrement? Créer en trois mois trois armées, quand l'armée est déjà prisonnière loin du pays, n'est-ce pas, quoi
qu'il arrive, un effort surhumain et digne d'admiration?

Le même officier adressait au ministre de la guerre un
reproche plus grave encore, celui d'avoir imposé à Bourbaki la direction occulte d'un jeune homme inconnu et sans
expérience, M. de Serres ou de Sarre. Mais comment supposer qu'un général ait accepté la responsabilité sans le
pouvoir, et mis ainsi sa réputation, son honneur à la merci
d'autrui?

Certes, ce ne doit pas être chose aisée de manier cent
mille hommes, d'assurer leurs approvisionnements, de les
faire aller, venir, toujours à propos, à la place nécessaire,
nulle part ailleurs, et à la minute voulue, ni plus tôt ni plus

tard. Que Montaigne a bien raison de plaindre ceux qui sont chargés de tels fardeaux ! Et pourtant, commander, c'est le plaisir divin, l'ambition universelle. Tout homme se croit né pour cela, et même, dit-on, quelquefois les dames. Où donc est-il, le sage qui n'a pas, en son esprit, par des marches hardies et de savantes combinaisons, cent fois changé le destin des batailles, pourfendu les ennemis, sauvé Belfort, et délivré Paris ?

Vous et moi nous l'avons fait. Ah ! si Gambetta nous eût consultés, si Trochu avait pris nos avis !…

Je l'avoue cependant. Depuis la retraite de l'armée de l'Est, une chose gêne mes combinaisons stratégiques : ce sont les bagages. Je ne m'en faisais aucune idée, et jamais je n'aurais imaginé l'interminable suite de chariots et de voitures que traîne après elle une armée en campagne. Pendant plusieurs jours la procession n'a pas été interrompue. Les soldats, les canons et les équipages militaires ne semblaient par moments que l'escorte d'un immense déménagement. Toutes les formes de véhicules et tous les genres d'attelage y étaient représentés : calèches, coupés, landaus, tilburys à la mode, charrettes de labour, guimbardes et coucous des temps primitifs. Sous mes fenêtres une diligence de Vichy à Thiers avait échoué, dans un pitoyable état ; elle logeait tout un monde de figurants et de comparses : plus loin stationnait un *omnibus pour la gare,* de je ne sais où, très élégant ; à ses côtés la voiture de Sceaux à Antony, et cent autres. Chacune renfermait un ménage. C'étaient des demeures ambulantes comme les bohémiens ont coutume d'en avoir. Beaucoup d'officiers voyageaient ainsi, en se prélassant ; une ordonnance conduisait leurs chevaux. Dire le nombre de ces voitures supplémentaires serait impossible, il dépassait 500 ou 600 et nous n'en avons vu qu'une partie ; plus de 400 ont été prises à Pontarlier, et d'autres ont passé, je pense, à Sainte-Croix et à Jougne. Et tout cela était chargé, surchargé de malles, de sacs, de caisses, de porte-manteaux et de personnages, hommes et femmes, tout au moins inutiles au jour du combat.

Rien n'a plus surpris et consterné. On sentait là une plaie vive, la gangrène d'un corps usé et corrompu, et les fêtes du camp de Châlons revenaient en mémoire. Puis l'on songeait à ces époques barbares, où des nations entières, malades ou trompées par leurs chefs, émigraient sans rien laisser après elles, et sans aucune pensée de retour.

Ainsi firent les Helvètes autrefois. Peut-être eussent-ils mieux résisté aux légions romaines, et, qui sait? retrouvé, avec le vieux Divicon, une seconde journée du Léman dans les champs de Bibracte, si l'encombrement monstrueux des bagages n'avait paralysé leurs mouvements. En tous cas, un plus grand nombre serait rentré dans le pays si follement quitté. Alors comme aujourd'hui, la victoire est restée au plus agile, au plus rapide. On le comprend bien. L'homme embarrassé de draperies, ou alourdi d'un incommode attirail, ne peut se défendre contre un athlète court-vêtu, preste et vigoureux. L'accessoire tue le principal.

Il y a là de graves abus. Mon capitaine de gendarmerie, homme pratique, a de lui-même, en ce qui le concerne, procédé à une réforme sévère sur cet article. « Voyez-vous, me disait-il, un homme n'est qu'un homme ; en campagne, il ne faut rien de plus à l'officier qu'au soldat ; il lui faut moins, ayant la bourse assez garnie pour se ravitailler au besoin et pour remplacer les vêtements qui demandent leur retraite. Tout calculé, mon inventaire se borne à ceci :

» Deux chemises de laine,

» Deux paires chaussettes idem,

» Deux paires de chaussures,

» Deux mouchoirs de poche,

» Deux caleçons.

» La moitié de ces objets, la voici sur ma personne ; l'autre, la voilà dans cette petite gibecière qui ne me quitte jamais. Elle contient en outre mes papiers, des cartes de géographie, un peigne, une brosse, un morceau de savon, ma pipe et mon tabac. En arrivant dans une étape, j'avise une blanchisseuse, et je lui fais laver mon linge de service ; moyennant le capital de 1 fr. 50, c'est l'affaire de cinq ou six heures. Si nous nous arrêtons plus longtemps et que l'endroit offre des ressources, je passe la revue complète de tout le fourniment, et je le remets en état. Pour surcroît de précaution et de luxe, un pantalon de rechange m'accompagne roulé avec mon manteau sur ma selle. Et c'est tout. Depuis cinq mois je cours, je chevauche, me battant presque tous les jours, ne couchant jamais deux nuits à la même place, et rien ne m'a manqué. Si tous mes collègues prenaient le même parti, ils s'en trouveraient bien, et la guerre serait bien simplifiée. »

Je le crois, et cet exemple ne serait pas bon à suivre seulement pour les officiers français. J'en sais sous un autre uniforme qui s'estimeraient fort à plaindre s'ils n'emportaient pour le moindre service toute leur garderobe et tout le confortable de toilette et de cosmétiques auquel ils sont habitués.

Nous disons, nous pensons volontiers que le malheur de l'armée de l'Est et son séjour en Suisse pourraient devenir la source de grandes, d'heureuses réformes pour toute la France. Nos hôtes de tous rangs et de toute condition se faisaient la plus fausse idée de notre état social et de notre régime politique : ou plutôt ils ne s'en faisaient aucune idée, ils nous ignoraient. Pour l'immense majorité, le mot de Suisse représentait une Chine lointaine, une contrée pauvre, aride, où l'on ne voyait que des chalets, habités par de pauvres humains vivant de laitage, de pain d'orge et de racines. Je n'exagère pas, j'en ai les preuves les plus étonnantes. Des soldats ont demandé à voir des protestants, et refusaient de croire qu'ils étaient nourris, accueillis par ces hérétiques, dont leurs curés ne parlaient que comme de sauvages, demi-bêtes, demi-hommes. Aux plus éclairés, un pays dépourvu de roi semblait impossible, et beaucoup repartiront sans avoir perdu cette idée et sans avoir rien compris à une nation qui se passe de monarque et de gros budgets. Peu s'en faut qu'ils ne fussent étonnés de voir que nous n'avons pas les pieds fourchus et que nous ne marchons pas à quatre pattes. Le maire de Gorze a réuni les paysans de sa commune et leur a présenté les Suisses et les Anglais envoyés en Lorraine, afin qu'ils pussent témoigner hautement que des protestants étaient venus de loin les secourir, sans égard aux différences de religion, de gouvernement, de pays, et mus simplement par des sentiments de charité et de fraternité humaine.

La même surprise n'aura pas été ressentie par les internés des cantons catholiques ; mais ils en auront éprouvé une autre, celle de voir leurs coreligionnaires garder en politique leur libre arbitre, se gouverner eux-mêmes, et s'accommoder du système républicain.

De tout cela, nous avons conclu modestement, à une certaine supériorité au moins relative et aux utiles leçons que nos hôtes pourraient emporter de leur voyage involontaire en Helvétie. Au fond, ce sentiment « part d'un bon naturel, » et il est juste. Il y a toujours profit à voir ce qu'on fait ailleurs que chez soi, et comment l'on y vit. Qu'individuellement nous valions mieux que nos voisins de

France , je ne voudrais pas l'affirmer , et sur ce point bien des doutes me tourmentent. Mais collectivement, et grâce à nos vieilles institutions, à nos habitudes de liberté, c'est autre chose. Nous avons plus d'esprit public, un lien patriotique plus fort, un plus grand besoin à la fois d'indépendance personnelle et d'abnégation sociale : Ce qui blesse l'un blesse l'autre. Dans toutes les poitrines se grave plus profondément chaque jour, chaque année, l'antique devise patriotique : Un pour tous, tous pour un. Et voilà, — leur présence même en fait foi — ce que les Français ne comprennent, ne sentent pas encore assez bien, et ce que nous pouvons, de bonne amitié, leur souhaiter d'apprendre chez nous, et de remporter dans leurs départements.

D'un autre côté, coupables et légers serions-nous de ne point nous appliquer, immédiatement, sérieusement, les enseignements que renferment, pour tout homme réfléchi, cette fuite en Egypte, ce terrible spectable d'une armée nombreuse, vaillante, chassée de sa propre patrie par un envahisseur étranger. A l'homme sage tout sert; il s'instruit par les fautes aussi bien que par les vertus d'autrui. Si la perfection n'est pas de ce monde, encore la faut-il poursuivre. Celui qui n'y tend pas par un perpétuel effort, et ne s'améliore sans cesse, marche à la décadence et n'atteint que le repentir.

Je reviens à mes moutons. Vous m'entendez : A nos malades, à nos *internés,* si malheureux, si affables, si doux. Oui, moutons sont-ils, moutons dépouillés et tondus, qui se laisseront tondre, retondre, et conduire à la boucherie. Cela ne veut pas dire qu'ils soient timides ou poltrons. Loin de là. Doux et patient était Washington. Winkelried était un pacifique. Ces moutons se sont bien battus et se battront bien encore. Que leur a-t-il manqué? La fortune? peut-être ; à coup sûr l'instruction, et je parle des officiers [1] aussi bien que des soldats. Regardez ceux-ci, questionnez-les. Ils ne savent où ils sont, ni comment, ni pourquoi ils sont venus ici, et c'est là leur trait commun. Arrivés de tous les points de la France, parlant tous les dialectes et tous les patois, représentant avec les Arabes tous les types de la race humaine et toutes les teintes de son pelage, ils ne se connaissent pas, ils n'ont d'autre lien entre eux que celui de la loi de recrutement ; c'est une agglomération d'individus, ce n'est pas un peuple armé.

Si l'on y regarde de près, cette France, si fière de son unité et de son titre de grande nation, n'a point encore formé une véritable nation, libre, se gouvernant elle-même et décidant de ses destinées. « L'état, c'est moi, » disait Louis XIV. Il avait raison. La France a été la monarchie, la convention, l'empire, jamais le peuple. Le pouvoir n'a jamais représenté que son propre intérêt et sa propre volonté. Un budget colossal dévoré par une coterie, telle fut, telle est encore la France. Les nobles seuls avaient jadis droit à ce riche festin, et le mangeaient ensemble sous le bon plaisir du monarque. Aujourd'hui, grâce à la révolution, tout le monde y peut prétendre et personne ne s'en fait faute. L'ambition générale, l'idée dominante, dans toutes les classes, c'est d'avoir sa part petite ou grande de l'autorité et du trésor public. La curée des places devient le grand obstacle à toute réforme sérieuse et durable. Malheureusement le mal a des racines profondes ; il tient à des habitudes invétérées. Plus de la moitié des Français en sont atteints, et le germe latent couve dans toutes les poitrines. On ne causait pas cinq minutes avec un de nos

---

[1] Peut-être pour les officiers vaudrait-il mieux dire *l'éducation.*

hôtes, soldat ou officier, sans en avoir la révélation. Les serviteurs de l'ancien régime ne craignaient qu'une chose : perdre leur place et leur traitement. Les amis du nouveau n'en désiraient qu'une : entrer dans l'administration, obtenir un emploi !

Je m'arrête ; il faut finir.

La haute marée aux flots amers dura huit jours dans notre vallon, pleine, grondante, couvrant tout ; puis elle s'apaisa et lentement décrut, laissant sur le sol, çà et là, des épaves et des traces de son passage à peine encore disparues.

Les derniers soldats confédérés nous ont quitté jeudi 23 mars ; quelques pantalons garances, restés je ne sais pourquoi, mêlent leur couleur écarlate aux costumes gris et bruns de notre population laborieuse, et trois malades français sont encore à l'hôpital.

Entrer dans plus de détails, décrire les scènes, les figu-res, les groupes de ce grand tableau sombre, serait inutile et fastidieux. Les mêmes incidents, reproduits de village en village, ont trouvé partout des dessinateurs et des pein-tres. L'émotion rendait tout le monde artiste ou historien, et mille copies, mille récits du même événement, et du même modèle, tous vrais quoique dissemblables et souvent contraires, circulent de main en main. Les répéter ou ajou-ter un croquis de plus à ces croquis serait un luxe sans agrément, la pire des choses.

Remarquons seulement que de l'histoire elle-même, comme des histoires qui en ont été faites, une seule image lugubre et poignante demeure, et une seule impression d'horreur, de haine, de dégoût, pour la cause de tous ces maux, cette chose terrible, maudite, fatale, qui s'appelle : La guerre. Cette conclusion consciente, ou inconsciente,

ce jugement, instinctif chez les uns, et chez les autres mé-
dité, rédigé avec les considérants les plus explicites, est si
universel, si bien dans l'esprit, dans l'âme, dans le cœur
de tous ceux qui ont vu de près la retraite de l'armée de
l'Est en Suisse, qu'il ressortait de tous les gestes, de toutes
les paroles et de tous les regards. En voici une édition, iné-
dite et des plus concises :

Rentrant un soir sous le poids de ce cauchemar, je rencontre un montagnard descendu de son chalet et de sa retraite au milieu des bois, tout exprès pour voir, lui aussi,
ce qui se passe parmi les hommes.

— Eh bien, mon vieil ami Pierre-Abram, lui dis-je en
lui serrant la main, que dites-vous de tout cela ?

— Ma foi, monsieur, me répondit-il d'un ton pénétré,
une chose m'étonne toujours : C'est qu'il n'y ait pas, sur
toute la terre, un bon chrétien assez charitable pour tirer
un coup de fusil sur ceux qui commandent les guerres.

Le mot semble brutal ; au fond il n'est que candide : il
traduit l'horreur qu'inspire la guerre aux âmes droites et
simples, et en même temps le désordre moral que la guerre
jette dans l'humanité, et auquel personne n'échappe. Tuer
son prochain n'est pas permis, Pierre-Abram le sait bien ;
mais pousser les hommes à s'entre-tuer ne l'est pas davantage, et détruire le mal est recommandé.

Au surplus, je le demande ? Ceux qui commandent les
guerres, ceux qui les glorifient, voire simplement ceux qui
par de vains sophismes les excusent, et ne protestent point
contre les excès d'un vainqueur impitoyable, tous ceux-là
ont-ils la conscience moins troublée que celle de l'honnête
Pierre-Abram ?

Fleurier. Mars 1871.

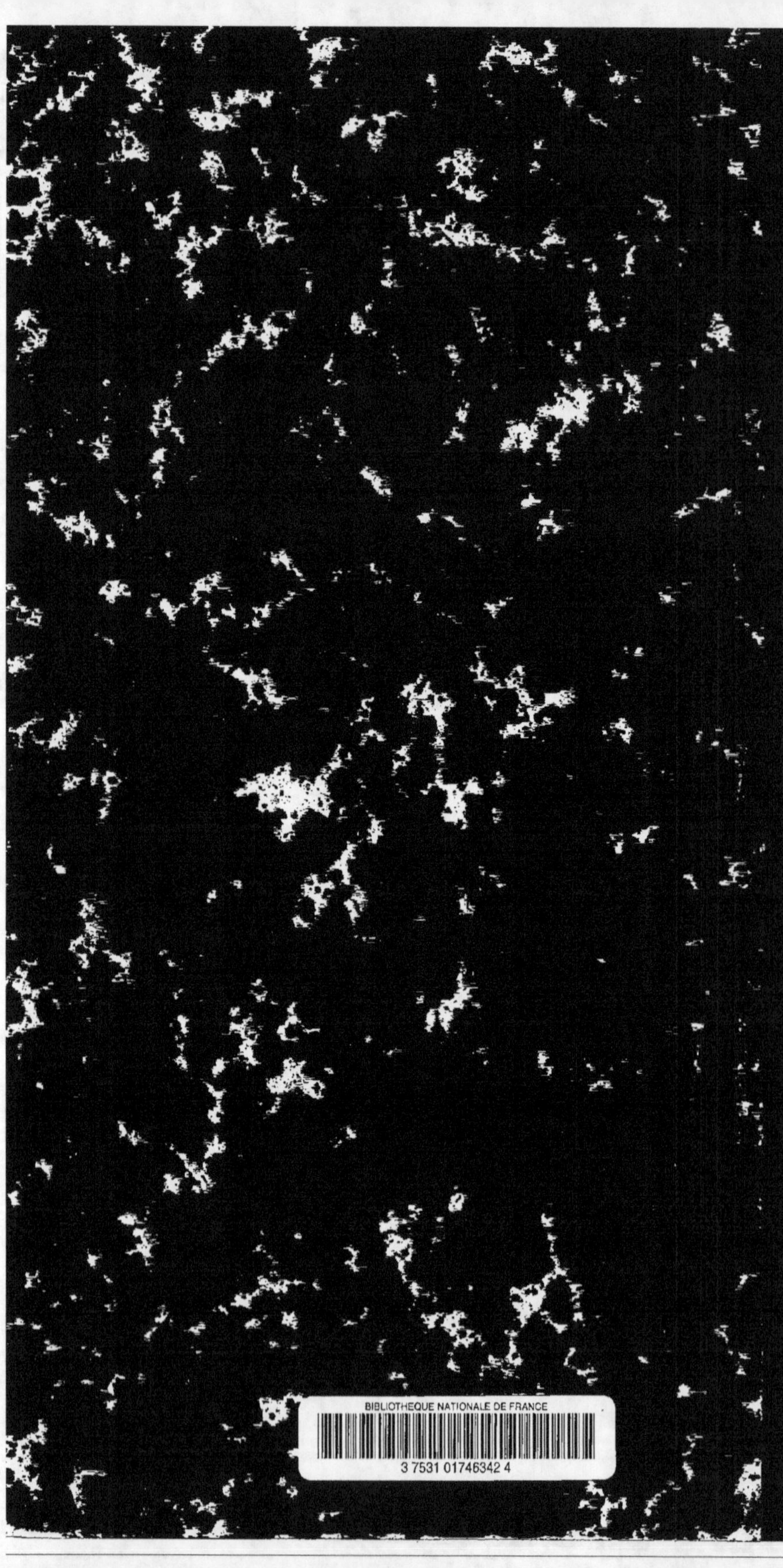
BIBLIOTHEQUE NATIONALE DE FRANCE
3 7531 01746342 4